AF562506

# AUGUSTIN THIERRY.

## SA VIE ET SES OUVRAGES.

TOULOUSE,
IMPRIMERIE DE A. CHAUVIN,
RUE MIREPOIX, 3.

1865.

# AUGUSTIN THIERRY.

---

## SA VIE ET SES OUVRAGES.

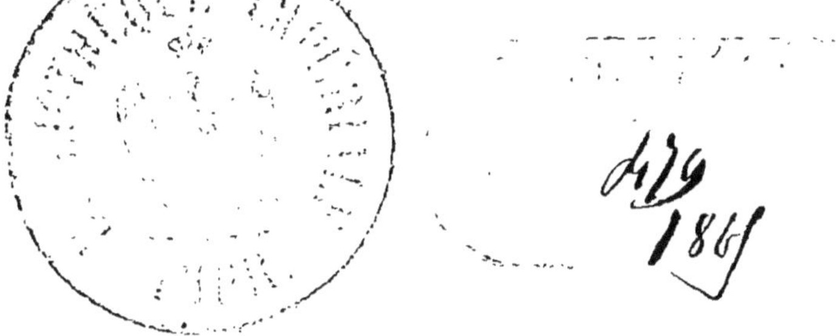

---

TOULOUSE,
IMPRIMERIE DE A. CHAUVIN,
RUE MIREPOIX, 3.

—

1865.

## A M. AMÉDÉE THIERRY.

---

L'éloge et les félicitations que vous avez daigné m'adresser, il y a quelques années, à propos de cet ESSAI, font toute sa valeur, et vous me permettrez de l'abriter modestement sous l'autorité de votre nom.

EUGÈNE LAPIERRE.

Novembre 1865.

# AUGUSTIN THIERRY.

---

Raconter les luttes, les découvertes, les victoires et aussi les défaites et les mécomptes du passé ; revenir aux premières origines d'une nation, que ne peuvent changer dans leur caractère, altérer dans leur force ni les révolutions ni les transformations des peuples; signaler les écueils à éviter dans le présent ; rechercher les fautes commises afin d'instruire ainsi l'avenir : telle est l'œuvre entreprise par AUGUSTIN THIERRY, œuvre immense qu'il ne devait pas achever, mais dont l'intérêt et la grandeur proclament bien haut son génie !

Cicéron définit l'histoire « l'école de la vie, » et où trouverait-on un maître plus sûr et plus éloquent qu'Aug. Thierry ? Ce nom seul rappelle aujourd'hui un grand historien et surtout *un martyr* de la science, à laquelle il s'est consacré pour l'instruction de son pays : l'historien a légué ses ouvrages à la postérité ; le martyr lui a légué un noble exemple à suivre.

« J'ai donné à mon pays, a dit Aug. Thierry, tout
» ce que lui donne le soldat mutilé sur le champ de ba-
» taille... Voilà ce que j'ai fait et ce que je ferais encore.

» Si j'avais à recommencer ma route, je prendrais celle » qui m'a conduit où je suis. Aveugle et souffrant, sans » espoir et presque sans relâche, je puis rendre ce té« moignage qui, de ma part, ne sera pas suspect : il y a » au monde quelque chose qui vaut mieux que les jouis» sances matérielles, mieux que la fortune, mieux » que la santé elle-même, c'est le dévouement à la » science (1) ! »

En présence de ce langage sublime, comment ne pas se laisser dominer par un sentiment d'admiration respectueuse ? Le malheur a droit aux plus vives sympathies ; mais lorsque le malheur est le prix du dévouement pour l'humanité tout entière, il impose le respect et la reconnaissance.

La vie d'Aug. Thierry est simple et calme ; quelques mots suffisent pour la raconter...

## I.

Né à Blois en 1795, il fait ses études au collége de cette ville. Un souvenir précieux, source toujours croissante d'émotions et de douces consolations pour lui, se rattache à ses jours du collége. Un exemplaire des *Martyrs*, apporté du dehors, décide la vocation du futur historien de la France. « Je lisais, ou plutôt je dévorais les pages, » dit-il ; j'éprouvai d'abord un charme vague et comme » un éblouissement d'imagination ; mais quand vint le

(1) Aug. Thierry, *Dix ans* : Préface.

» récit d'Eudore, cette histoire vivante de l'Empire à
» son déclin, je ne sais quel intérêt plus actif et plus
» mêlé de réflexion m'attacha au tableau de la ville éter-
» nelle, de la cour d'un empereur romain, de la marche
» d'une armée romaine et de sa rencontre avec une armée
» des Franks (1) ! »

Bien jeune encore, Aug. Thierry assiste à un spectacle émouvant et grandiose ; il admire avec effroi ces terribles Franks que M. de Châteaubriand représente « parés de la dépouille des ours, des veaux marins et des sangliers ; formant une armée rangée en triangle, où l'on ne distinguait qu'une forêt de framées, de peaux de bêtes et de corps demi-nus (2). »

Cette lecture est une sorte d'initiation : les idées éveillées subitement dans l'esprit d'Aug. Thierry opèrent une révolution morale, dont l'influence, d'abord vague et indécise, rejaillit plus tard d'une manière beaucoup plus sensible sur chaque époque de la carrière littéraire de l'historien du tiers état. Longtemps après, il éprouve, à la lecture des *Martyrs*, l'enthousiasme du jeune âge, et il aime à saluer comme son maître « l'écrivain de génie qui a ouvert et qui domine le nouveau siècle littéraire (3). »

Admis à l'école normale en 1811, professeur en province en 1813, Aug. Thierry inaugure, en 1820, par divers articles publiés dans le *Censeur européen* et le

(1) Aug. Thierry, *Récits mérovingiens* : Préface.

(2) Châteaubriand, *Les Martyrs*, liv. VI.

(3) Aug. Thierry, *Récits mérovingiens* : Préface.

*Courrier français* (1), cette carrière qu'il doit désormais parcourir avec tant de gloire. La science devient pour lui une passion que rien n'affaiblira : les ouvrages sur l'ancienne monarchie, les historiens originaux de la France et de la Gaule, les institutions importantes du moyen âge, une foule de documents de toute espèce, sont l'objet de ses études incessantes.

Aug. Thierry nous a raconté sa vie ; et certes il avait acquis le droit de parler de lui, de ses pensées, de ses émotions, de ses actes de tous les jours, car ses pensées, il les consacrait à l'étude, ses émotions allaient faire naître des chefs-d'œuvre, ses actes de chaque jour enfin étaient ceux d'une nature privilégiée et supérieure. Cette vie est bien courte : les détails en sont retracés dans quelques pages ; cependant cette simplicité est remplie de beautés admirables, d'enseignements utiles : nous aurons des actions de grâces à rendre, des larmes à donner à une infortune si noblement conquise, supportée avec tant de résignation, et devenue si féconde pour tous. Quelle leçon pour ces hommes, prétendus génies, qui, après avoir mené une vie bruyante et inutile, se proposent comme des modèles à imiter !... Avant d'instruire les autres, il faut aller puiser aux sources vives de la science ; avant de revendiquer la gloire, il faut la conquérir par le travail.

(1) Certaines opinions émises avec franchise dans ce recueil, par Aug. Thierry, firent surgir une foule de mécontents, et l'administration du *Courrier français* se vit forcée de sacrifier à ses intérêts et à ses abonnés son jeune rédacteur.

Voici de quelle manière travaillait Aug. Thierry : « La » force vitale, dit-il, semblait se porter tout entière » vers un seul point ; dans l'espèce d'extase qui m'absor- » bait intérieurement, pendant que ma main feuilletait le » volume ou prenait des notes, je n'avais aucune con- » science de ce qui se passait autour de moi... Je n'en- » tendais, je ne voyais rien, je ne voyais que les appa- » ritions évoquées en moi par ma lecture (1) ! »

Mettre de l'ordre dans ses lectures, dans ses notes re-cueillies avec soin, chercher une forme pour réunir des matériaux lentement amassés, faire et défaire sans cesse, tout cela, Aug. Thierry l'accomplit avec une volonté ferme et inébranlable, qui ne connaît ni fatigues ni dangers : ce travail affaiblit peu à peu sa vue. Bientôt il est obligé de venir demander un refuge salutaire aux villes de la Provence et du Languedoc, qu'il parcourt avec M. Fauriel, son secrétaire et son ami. Le remède est impuissant à guérir le mal qui augmente tous les jours. A chaque pas, l'esprit curieux et investigateur d'Aug. Thierry est forcément arrêté dans son élan ; les souvenirs lui reviennent en foule ; son imagination se plaît à animer les objets qu'il voit à peine, et sa curiosité, jamais satisfaite, n'en devient que plus ardente.

A l'avenir il faudra lire par les yeux d'autrui, il faudra dicter au lieu d'écrire; et, chose étrange, — si elle n'était pas justifiée aussi bien qu'admirable ! — c'est alors que nous voyons Aug. Thierry former le projet d'une *chronique* réunissant tous les documents originaux de notre his-

(1) Aug. Thierry, *Dix ans* : Préface.

toire du cinquième au dix-septième siècles, écrire une seconde fois les *Lettres sur l'histoire de France*, faire, avec son frère Amédée Thierry, une histoire des origines gauloises et germaniques (1).

Courbé sous le poids des infirmités, au milieu des souffrances les plus vives, Aug. Thierry est heureux, si le travail lui est permis. « J'avais fait amitié avec les ténèbres (2), » dit-il; parole sublime, inspirée par une douloureuse résignation, et qui révèle une âme profondément chrétienne (3)!

Cependant, grâce à une organisation puissante et une grande force de volonté, Aug. Thierry travaille sans relâche. L'*Histoire de la conquête des Normands* prend une forme nouvelle et subit des changements nombreux (4); les *Considérations sur l'Histoire de France* et les *Récits mérovingiens* remportent, à l'Académie française, le grand prix Gobert, et chaque année, M. Villemain, dans ses rapports mémorables, décerne de nouveaux éloges à l'historien dont l'œuvre est toujours la plus parfaite; la recher-

(1) L'ouvrage d'Amédée Thierry a seul paru : l'*Histoire des Gaulois* est l'un des plus beaux monuments de notre histoire nationale.

(2) Aug. Thierry, *Dix ans* : Préface.

(3) Aug. Thierry eut successivement pour secrétaires M. Fauriel, M. A. Carrel, et, en dernier lieu, Mme Aug. Thierry, femme de l'illustre écrivain, et qui mourut en 1844.

Aug. Thierry travaillait d'une manière très-méthodique; il se faisait lire tous les ouvrages qu'il voulait consulter, faisait noter les passages saillants, dictait les pensées que lui suggéraient ces lectures, et toutes ces notes, tous ces fragments étaient classés à l'aide de lettres ou de chiffres.

(4) L'*Histoire de la conquête des Normands* fut publiée pour la première fois en 1825.

che et la publication des monuments inédits de l'Histoire de France sont présidées et dirigées par Aug. Thierry (1); enfin l'*Histoire du tiers état* vient, en quelque sorte, résumer toutes ses idées, toutes ses études, et présenter, sous une forme saisissante, la marche ascendante de la nation.

La science historique semblait laisser deviner tous ses secrets par cet esprit privilégié.

Pendant les dernières années de sa vie, Aug. Thierry n'a plus qu'une seule préoccupation : celle de ne laisser aucun de ses ouvrages imparfaits ; il veut les revoir tous, les refaire entièrement, et ce travail abrége ses jours.

Le 19 mai 1856, après une conversation animée, Aug. Thierry est pris d'un léger embarras dans la parole ; le lendemain son intelligence s'engourdit, puis s'éteint sans retour...

Quelques heures avant sa mort, il disait à l'abbé Gratry : « Je suis un ouvrier de Dieu, » et cette parole dernière découvre toute la beauté d'une âme grande et noble, en même temps qu'elle explique toute une vie de dévouement et de travail. Ces deux mots résument l'existence entière d'Aug. Thierry : *Travail et dévouement*, serait la devise qu'il faudrait graver sur sa tombe, comme elle est inscrite sur chaque page de son œuvre.

(1) Cet immense travail fut entrepris en 1826 par les ordres du gouvernement.

## II.

Aug. Thierry a laissé des ouvrages qui sont l'expression la plus parfaite de la science historique moderne.

Sous ce titre : *Dix ans d'études historiques*, sont réunis ses premiers essais ; il a fait ainsi lui-même la meilleure préface qui puisse figurer en tête de ses ouvrages. Les *Etudes historiques* contiennent en germe les idées fondamentales de l'*Histoire de la Conquête* et des *Lettres sur l'histoire de France*.

Il n'est jamais sans intérêt d'assister à la naissance et au développement du génie qui se révèle lentement et avec crainte : ce premier livre est fait pour les esprits curieux, et c'est toujours une louable curiosité que celle dont l'ambition est la connaissance du vrai sous toutes ses formes.

Ouvrons l'*Histoire de la conquête des Normands*. Déjà un grand écrivain, Walter Scott, « ce maître, en fait de divination historique (1), » avait étudié, dans un beau roman (2), l'antagonisme des races, l'hostilité éternelle entre les montagnards et les gens de la plaine, et il avait décrit, avec un rare talent de finesse et d'observation, le caractère saxon après la conquête normande.

Aug. Thierry représente l'ancienne Bretagne successivement envahie par plusieurs peuples, qui refoulèrent vers le nord les possesseurs du sol. L'établissement de la do-

(1) Aug. Thierry

(2) *Ivanhoë*.

mination romaine dans la Bretagne ; la chute de cette domination ; le retour de la liberté avec un chef dont la résidence était dans la *ville des vaisseaux* (1) ; l'apparition des *Saxons*, ces hommes aux *longs couteaux*, que le hasard jeta sur les côtes : tous ces faits fournissent autant de récits saisissants, par lesquels l'historien arrive insensiblement à l'invasion des Danois de la mer Baltique, de ces *Normands* qui, sous la conduite du *Roi des mers*, s'élançaient à travers l'Océan et chantaient : « La force de » la tempête aide le bras de nos rameurs ; l'ouragan est » à notre service, il nous jette où nous voulions aller ! »

Le nom et les aventures de Ragnar-Lodbrog marquent le commencement de l'invasion, et son *chant de mort* (2), terrible appel à la vengeance, fait surgir une armée formidable qui se précipite sur l'Angleterre, pillant les villes, massacrant les habitants, brûlant les églises et les monastères, et qui est arrêtée enfin dans sa course par la valeur du roi Alfred, le libérateur du peuple anglais.

Aug. Thierry suit les Normands en Gaule. A leur approche, le serf gaulois, saisi de frayeur, s'enfuit avec son mince bagage au fond de la forêt voisine, et le noble frank court au donjon de son château-fort faire la revue de ses armes. La terreur et la mort proclament la puissance des nouveaux envahisseurs ; il faut se soumettre pour éviter une ruine totale.

En Angleterre, les Normands venus d'abord comme alliés, s'élèvent peu à peu, prennent en main le pouvoir,

(1) Lon-Din ou la ville des vaisseaux.

(2) *Histoire de la Conquête*, liv. II.

règnent avec le roi Edward, réclament un droit au trône et l'accomplissement d'une promesse faite, sous serment, au duc de Normandie, engagent enfin une lutte terrible et suprême contre la nationalité anglo-saxonne, lutte dont les conséquences furent si profondes.

Le récit de la *bataille de Hastings* est l'un des épisodes principaux de cette histoire. Aug. Thierry nous place en spectateurs sur le théâtre du combat; il nous montre le champ de bataille où s'agitent des questions de race, de nationalité, de suprématie ou de servitude. Ici Guillaume, duc de Normandie, se voit bientôt entouré d'une foule avide de désordre et de pillage, accourue du Maine, de l'Anjou, de la Bretagne, de la France, de l'Aquitaine et de la Bourgogne, dans l'espoir de conquérir honneurs et richesses. Là ce sont les Anglo-Saxons qui jurent de mourir pour défendre leur indépendance. « Les Normands ne » viennent pas seulement pour nous ruiner, disent-ils, » mais pour ruiner aussi nos descendants, pour nous enle- » ver le pays de nos ancêtres ! »

Les deux armées fondent l'une sur l'autre ; la mêlée est horrible : la victoire est d'abord incertaine, malgré le dévouement et la bravoure des Saxons : la mort d'Harold décide leur sort, et ils prennent la fuite, après avoir fait des prodiges pour conserver leur liberté.

Dès lors, selon les vues et les appréciations d'Aug. Thierry, apparaît l'antagonisme entre les vainqueurs et les vaincus, antagonisme qui vivra, dans toute sa force, avec les descendants de l'une et l'autre race : celle-là imposant sa loi rude et impitoyable, folle d'orgueil et de surprise de se voir tout à coup si riche et si puissante; celle-ci courbée sous le joug, condamnée à la servitude, réduite à la misère et au déshonneur; et tandis que les poëtes normands louent à l'envi « le règne pacifique et l'âme bienfaisante de Guillaume le Conquérant, » les Saxons ne trouvent dans *ce règne* que des jours de malheur, dans *cette âme bienfaisante* que de l'ambition et de la cruauté.

La liberté est perdue pour le peuple anglais : sa fierté se réveillera ; de nobles courages sortiront de son sein ; le Saxon Hereward fera des prodiges ; Waltheof marchera silencieusement au supplice ; mais avec eux s'évanouiront les dernières espérances de la race conquise.

Aug. Thierry se complaît dans les détails de la conquête; il étudie avec soin l'envahissement des Normands sur le sol anglais ; il ne perd jamais de vue l'opposition constante entre le peuple soumis, dépossédé, refoulé vers des régions, où il ne trouve même pas un refuge assuré, et le peuple nouveau, devenu riche et grand par droit de conquête; et ses sympathies ne sont pas le plus souvent pour l'heureux vainqueur, pour le dominateur absolu à qui tout cède, pour le maître orgueilleux qui ne supporte pas la résistance.

La vie de Thomas Becket, archevêque de Canterbury, l'élévation subite de ce Saxon, fils d'un simple écuyer, ses idées de réforme, les péripéties de sa querelle avec Henri II, sa fuite en France, son retour en Angleterre, son assassinat aux pieds des autels, la désolation des Anglais, qui pleurent sur son cadavre et baisent avec respect ses vêtements ensanglantés : tout cela se déroule dans les pages dramatiques et animées de l'œuvre d'Aug. Thierry. Bientôt le cri suprême de la liberté expirante sera étouffé dans le supplice de William *Longue-Barbe*, que l'on pourrait peut-être appeler le *dernier des Saxons*.

Dans l'*Histoire de la Conquête des Normands*, Aug. Thierry emploie une méthode toute nouvelle. Faire revivre les hommes et les choses d'autrefois avec leur véritable physionomie, être vrai pour le passé sans se refuser aux exigences du présent, telle est la pensée de l'historien ; il s'identifie avec le fait qu'il raconte, il est en quelque sorte le contemporain de ce fait ; il veut que chacun le soit comme lui, et il réveille, par une peinture vive et originale, cet intérêt qui s'attache toujours à la vérité simplement exprimée : ces qualités incomparables, nous les remarquerons dans chacun des ouvrages d'Aug. Thierry.

## III.

Les *Lettres* et les *Considérations sur l'histoire de France* sont un même ouvrage, en ce sens qu'il y a parité de sujet dans l'un et l'autre de ces livres : bien mieux, ils s'éclairent mutuellement.

Examiner si la France a son histoire nationale, c'est-à-dire un récit exact des faits et gestes de la nation à chaque époque de son existence ; déterminer le caractère et la portée de la révolution communale du douzième siècle : voilà le but d'Aug. Thierry.

Avant le quinzième siècle, la seule histoire nationale se trouvait dans les traditions fidèlement conservées (1). —

(1) On sait que vers l'an 1476 les religieux de Saint-Denis publièrent un recueil de *chroniques*, qui fut le premier ouvrage historique imprimé.

Le seigneur féodal, qui exerçait le droit de justice dans son domaine, croyait à une royauté primitivement élective, à une réunion de *grands* et de *pairs* du royaume, dont l'*aide* et le *conseil* étaient indispensables au roi. — Les habitants des villes, les *bourgeois*, se souvenaient de leur origine romaine et de leur constitution impériale : Lyon, Bourges, Arles, Marseille et d'autres villes disaient leur organisation antérieure à la conquête franke et à toutes les seigneuries du moyen âge. — Le clergé était resté attaché au droit romain (1), et avait conservé l'idée impériale de l'unité de la puissance publique. — Quant aux *vilains*, le malheur était leur seule tradition et leur partage fatal ; ils n'avaient ni paix ni trêve « tant il y avait de services et de » redevances, de tailles et de corvées, de prévôts et de » baillis ! »

Le seizième siècle donne une impulsion nouvelle aux esprits ; l'antiquité devient l'objet d'études sérieuses et approfondies ; les vieilles chroniques sont traduites, commentées, imprimées ; la grande question de *nos origines nationales* est le prétexte de savantes interprétations, et les historiens de la Renaissance assignent aux Franks une origine purement germanique, abandonnant ainsi la croyance générale qui les faisait descendre des Troyens.

Au dix-septième siècle, la diversité des systèmes historiques retarde les progrès de la science.

Ch. Loyseau voit dans la conquête germanique l'origine de la noblesse de France : vainqueurs, les Franks assujé-

(1) Le clergé qualifiait de *droit haineux* la coutume contraire et non conforme au *droit romain écrit*.

tissent les Gallo-Romains et retiennent, pour eux seuls, les prérogatives des charges publiques, le maniement des armes et la jouissance des terres, sans être tenus d'aucune contribution.

A la fin du règne de Louis XIV, le comte de Boulainvilliers reprenant cette théorie, établit, en principe, *que la noblesse était tout*, et que sa ruine fatale a été amenée par l'affranchissement des serfs et leur élévation progressive; tandis que l'abbé Dubos, de son côté, réhabilite la bourgeoisie, ne veut reconnaître aucun *droit de conquête*, et remonte, pour expliquer nos origines, à l'époque romaine.

Ouvrez, avec Aug. Thierry, les histoires de Velly, de Mézeray, du P. Daniel, d'Anquetil; que trouvez-vous? — Aux premiers temps de la Gaule franke, *des Français*, gouvernés par *un roi*, parlant *français*, siégeant au milieu d'une cour, où règnent la *galanterie*, la *politesse* et le bon goût (Velly); ou bien, une série monotone, une nomenclature sèche de dates et de faits. — Sans doute des tentatives sont faites, de loin en loin, pour abandonner la fausse route et pour innover; mais, encore au dix-huitième siècle, le P. Daniel est accusé de lèse-majesté pour avoir retranché *quatre rois à la première race*, et *soixante-neuf ans d'antiquité à la monarchie françoise.*

Aug. Thierry écarte toutes les opinions, tous les systèmes; il observe les mœurs et les caractères; il se demande si la France a toujours formé un corps homogène, et comment elle est parvenue à constituer sa nationalité. Sur le sol de l'ancienne Gaule, il rencontre des *Gallo-Romains* de plusieurs races et de plusieurs langues; des

*Franks*, appartenant à des tribus germaniques différentes, mélange d'hommes fiers, intrépides et féroces; des *Burgondes*, n'ayant plus l'orgueil du guerrier sauvage, tous gens de métier; enfin, des *Visigoths*, conservant chez eux les derniers débris de la civilisation, et établissant, à Toulouse, une cour et une organisation romaines.

La Gaule romaine avait été envahie et conquise par les races germaniques, et cette conquête avait été considérée tantôt comme une délivrance de la Gaule, dont les indigènes appelèrent à leur aide les Franks contre les Romains, tantôt comme une cession du pays faite par les empereurs aux chefs franks, enfin comme une destruction complète du monde romain par l'avénement d'une invasion germanique. Aux yeux d'Aug. Thierry, la conquête n'est rien de tout cela : elle est un acte de brutalité sauvage, impuissant à tout détruire comme à tout renouveler; elle laisse subsister une partie des institutions établies et introduit une organisation où domine, selon les pays, soit l'élément romain, soit l'élément germanique.

Comme conséquence remarquable, un changement survient dans la signification du nom de *Frank;* désormais il est le privilége exclusif d'une classe qui se proclame supérieure par droit de conquête, et se réserve les nobles qualités de l'âme et du corps. Cet esprit d'orgueil et de domination enfante un système s'inspirant des mœurs germaniques : *Nulle terre sans seigneur* est le grand principe de la féodalité; et bientôt cette terre deviendra immuable entre les mains du seigneur, sous la seule condition de foi et d'hommage envers le chef suzerain. La féodalité donne naissance à une foule de petites souverainetés, hostiles les unes aux autres, voulant se surpasser mutuellement, et parvenant quelquefois à un haut degré de puissance.

Une réaction s'opérera bientôt contre les seigneurs. Les hommes des villes, voués à l'industrie et au commerce, opposent une barrière à l'envahissement féodal; ils se souviennent de leurs vieilles libertés municipales, et ils veulent les faire revivre. La révolution communale du moyen âge se manifeste, dans le Midi, par l'établissement du *consulat*, et, dans le Nord, toujours imbu d'idées germaniques, par la création de la *commune jurée*.

En lisant les admirables récits d'Aug. Thierry on devient le témoin actif et passionné de ces longues luttes soutenues par les communes de Cambrai, de Noyon, de Laon, de Vézelay, de Reims. *L'évêque* d'accord avec le *comte*, ou ne comptant que sur ses propres forces, marche contre les bourgeois révoltés, octroie des *chartes* avec une bonne foi apparente, retire ensuite ses promesses, cède quelquefois à une politique généreuse, mais le plus souvent à un calcul d'intérêt. Les *villes* ont eu de ces vicissitudes, et leur histoire est vivante dans le récit.

Les historiens attribuent généralement à Louis le Gros cette régénération des libertés bourgeoises. Mais examinez donc avec Aug. Thierry ce qu'était le pouvoir royal au douzième siècle.

Louis le Gros, roi de France, était un petit seigneur dont les Etats comprenaient une bien minime partie de la France actuelle; entouré des possessions de *ducs* ou de *comtes*, souvent plus puissants que lui, il n'avait aucun droit d'affranchissement sur des Etats déjà libres : et puis, comment expliquer ces réunions des habitants d'une ville sur la place de la grande église et du marché, et jurant, sur les choses saintes, de se soutenir mutuellement, présentant une charte de libertés faite par eux, instituant la *commune jurée*, qui leur donnait le privilége d'avoir un gouvernement électif (1), de se grouper autour de leur bannière et de marcher en armes contre les seigneurs? Comment expliquer encore l'établissement des *communes* beaucoup plus actif dans le Midi, indépendant de la couronne, que dans le Nord, beaucoup plus rapproché de ce pouvoir suzerain (2)?

Aug. Thierry reconnaît l'intervention de la royauté dans la révolution communale, mais il fait ressortir le caractère véritable de cet acte. Le roi de France accorde sa protection soit aux villes, soit aux seigneurs; il appose sa signature sur les chartes; il cherche même à retirer un profit d'un événement qu'il ne peut empêcher, jusqu'au jour où toutes ces constitutions, consacrant les libertés municipales, disparaissent devant une puissance absolue, qui, par des moyens opposés, continuera le grand mouvement du moyen âge. Ces explications, données par

(1) *Consuls* dans le Midi; *échevins* ou *jurés* dans le Nord.

(2) « Au nord de la Somme, dit Aug. Thierry, on entrait sur les terres du comte de Flandre; la Lorraine, la Franche-Comté, le Dauphiné et une partie de la Bourgogne étaient sous la suzeraineté de l'empire d'Allemagne; la Provence, le Languedoc, la Guyenne, l'Auvergne, le Limousin, le Poitou étaient des Etats libres sous des ducs ou des comtes; la Bretagne était également un Etat libre; la Normandie obéissait au roi d'Angleterre. » Telle était la situation politique de la France sous Louis le Gros (1100).

l'historien, jettent un jour tout nouveau sur des faits jusque-là mal compris ou mal interprétés.

## IV.

Par les *Lettres* et les *Considérations sur l'Histoire de France*, Aug. Thierry porte la lumière dans le passé. Remontant aux origines nationales, il fouille dans ce dédale inextricable de mœurs barbares, de langues diverses, de coutumes et de lois bizarres, de drames terribles, espérant déduire la suite des âges de notre histoire. Au douzième siècle, la révolution municipale lui paraît être la première aspiration vers cet ordre social, établi et sanctionné par une autre révolution; dans l'intervalle qui s'écoule entre le douzième et le dix-huitième siècles, il voit les générations successives parcourir laborieusement une même carrière : la renaissance du droit civil au douzième siècle, la politique de Philippe-Auguste, de Louis XI et de Richelieu, la monarchie de Louis XIV, préparent l'unité de loi, l'unité de gouvernement, l'unité dans la vie nationale réclamée par les bourgeois des communes, et définitivement fondée par le tiers état de 1789.

C'est là une vue de l'histoire révélée par une expérience chèrement acquise. La révolution de 1789 n'est pas l'œuvre d'un seul jour ; l'ordre des choses ancien n'a pu être renversé que lentement et par des luttes nombreuses et progressives : éclairer les origines de cette révolution, chercher dans le passé tout ce qui s'y rattache, expliquer sa marche, abandonner tous les systèmes inventés et accrédités pour ne plus songer qu'à la nation, telle doit être désormais la mission de l'historien.

Aug. Thierry, le premier, a compris la grandeur de cette mission : faire l'histoire de son pays était, pour lui, remplir une sorte de sacerdoce : aussi le voyons-nous se consacrer à des travaux continuels, et n'abandonner la tâche qu'avec douleur et regret.

Veut-il nous ramener aux premiers jours de la Gaule franke, Aug. Thierry compose les *Récits mérovingiens*, ce beau livre que l'on relirait sans cesse. La facilité et le naturel de la narration, la simplicité et en même temps la richesse du style causent un charme irrésistible. L'âme est dominée, tour à tour, par la pitié ou la terreur, l'amour ou la haine.

Souvenez-vous de l'histoire de Galeswinthe, cette femme, type de beauté morale, victime de la jalousie et de l'orgueil barbares, et dont la figure noble et douce fait d'autant mieux ressortir le caractère sauvage et féroce de Frédégonde, qui réunit, en elle, toutes les passions, toutes les cruautés de son époque !

Souvenez-vous des aventures de Leudaste, rapprochées de l'existence vertueuse et sereine de Grégoire de Tours, dont les dernières pensées sont données à cette brillante civilisation qui disparaît devant la barbarie, et qui se trouve personnifiée dans le poëte Fortunatus !

Souvenez-vous du village de Braine, résidence des chefs franks, de ce palais, « entouré de portiques d'architec-
» ture romaine, quelquefois construit en bois, poli avec
» soin, et orné de sculptures qui ne manquaient pas
» d'élégance...; » de ce mariage de Brunehilde, où l'on vit

» des nobles gaulois polis et insinuants, des nobles franks
» orgueilleux et brusques, et de vrais sauvages, tous ha-
» billés de fourrure, aussi rudes de manières que d'aspect :
» le festin nuptial fut splendide et animé par la joie ; les
» tables étaient couvertes de plats d'or et d'argent cise-
» lés ; le vin et la bière coulaient sans interruption dans
» des coupes ornées de pierreries ou dans des cornes de
» buffle. »

Tous les détails de la vie privée et publique de cette époque barbare ne sont-ils pas admirablement retracés dans les *Récits mérovingiens ?* Guerres civiles, guerres privées, absence d'administration et de lien moral, partout l'esprit de violence et de révolte ! Tel est le sixième siècle, et il revit, avec tous ses caractères, dans l'œuvre d'Aug. Thierry.

L'historien des temps mérovingiens prend pour guide Grégoire de Tours ; il lui emprunte les faits sûrs et incontestables ; comme son modèle, il emploie la forme d'une narration simple et naturelle ; mais, mieux encore que le témoin oculaire, le chroniqueur de nos jours sait donner au récit l'expression de la fidélité et de la vérité dans la peinture des hommes et des choses du passé.

Arrivons enfin à L'HISTOIRE DU TIERS ÉTAT.

Il y a plus d'un demi-siècle que cette question, alors si redoutable, a été posée : « Qu'est-ce que le tiers état ? » — Dans un temps où la demande, ainsi formulée, ne soulevait plus les agitations et les tempêtes, Aug. Thierry répondait : « C'est la nation entière moins la noblesse et le clergé. »

Et ne dites pas que le rôle social de la noblesse et du clergé a été méconnu par l'historien du tiers état ! Il proclame hautement l'influence des institutions ecclésiastiques et la part d'action morale de la noblesse sur les progrès de la société politique, civile et intellectuelle ; il sait qu'au huitième siècle « tout se gouverna par l'Eglise et pour l'Eglise, depuis les nations jusqu'aux rois (1) ; il sait que la chevalerie apprit à mourir pour cette *douce France* que chantait la poésie du douzième et du treizième siècles, mais il veut surtout s'attacher à mettre en relief une partie de la nation française, dont le rôle, non moins important, avait été oublié, ou du moins mal jugé par les historiens modernes ; il veut restituer à chacun ce qui lui appartient légitimement, non par l'usurpation et la conquête, mais par des acquisitions lentes et justifiées.

Ouvrez le livre d'Aug. Thierry : « Quand vint sur la » Gaule le règne des Barbares, dit-il, quand l'ordre po- » litique de l'empire d'Occident s'écroula, trois choses » restèrent debout : les institutions chrétiennes, le droit » romain à l'état d'usage et l'administration urbaine, » et tandis que le christianisme adoucissait les mœurs barbares et s'opposait à la fièvre du pillage et du meurtre, les débris de la société romaine se concentraient dans les villes et y maintenaient les vieilles libertés. Autour de ces villes se groupèrent les races indigènes, refoulées par les conquérants ; et c'est là qu'il faut chercher l'origine du tiers état.

(1) Châteaubriand, *Etudes historiques*.

Au dixième siècle, la féodalité pèse de tout le poids de sa force brutale sur les habitants des villes. L'affaissement moral des populations engendre une réaction d'où sort la *bourgeoisie*, classe nouvelle « dont les mœurs sont l'égalité civile, l'indépendance dans le travail, » et qui occupe désormais un rang dans l'Etat. Admise dans le parlement du roi de France, elle remet en lumière les principes du droit romain, resté la loi suprême du Midi et devenu la *raison écrite* pour les peuples du Nord ; représentée dans les grandes assemblées, elle siége à côté de la noblesse et du clergé.

Les noms de Jacques Cœur et de Jean Bureau sont inséparables du règne de Charles VII, époque de renouvellement et d'élan politique (1).

Louis XI « ce roi qui affectait d'être roturier par le ton, l'habit et les manières » songe à établir dans le royaume l'unité de mesures et de coutumes, favorise l'industrie et le commerce en ouvrant des manufactures et des marchés, augmente les forces militaires (2), en un mot, prépare l'avenir.

Au seizième siècle, le parlement de Paris, composé de *bourgeois* légistes et investis de l'autorité judiciaire, s'immisce dans les affaires de l'Etat par la discussion des édits royaux (3).

(1) On sait que, sous ce règne, un plan nouveau et décisif vint régler l'administration, l'armée, les finances et la justice.

(2) La première troupe régulière était due à Charles VII.

(3) Thibaut Baillet, premier président du parlement de Paris, est l'auteur principal du grand travail de rédaction des coutumes, conçu par Charles VII et entrepris seulement sous Louis XII.

Sous Louis XII et François Ier, le tiers état s'élève encore, grâce à la protection active et éclairée de ces deux rois. Le commerce et l'agriculture sont en progrès ; le luxe, la richesse et le goût subissent l'influence de la renaissance des arts et des lettres ; la bourgeoisie occupe la plus grande partie des offices publics : la magistrature, les finances et le conseil d'Etat.

Aug. Thierry peint, à grands traits, les diverses époques de notre histoire et les incidents qui viennent appuyer son système ; il suit avec attention le développement de la nation moderne, dont la marche régulière, quelquefois interrompue ou retardée, recommence bientôt

Pendant les guerres de religion, il rencontre la personnification du parti bourgeois dans le chancelier Michel de l'Hospital, qui eut à la fois « le génie d'un législateur, l'âme d'un philosophe et le cœur d'un citoyen. »

Le prince qui délivra les consciences de l'oppression religieuse et le pays de l'influence étrangère est, pour Aug. Thierry, non-seulement un grand réparateur, mais encore un grand roi.

L'élévation du tiers état ; les emplois publics, et surtout les fonctions judiciaires, continués dans les mêmes familles ; l'industrie créant des fortunes considérables ; l'établissement de la liberté de conscience (1) ; la restauration et le progrès de la richesse publique ; la conception d'une politique française, dont le fondement est l'unité : voilà l'œuvre de Henri IV et de son ministre Sully.

(1) Edit de Nantes, 1598.

Bientôt Richelieu s'impose au roi et à la nation ; il abaisse la noblesse, la réduit à l'obéissance, enlève au protestantisme la force qu'il possédait encore, ouvre à tous l'accès de la carrière des armes, donne au commerce et à l'industrie les plus grandes libertés, favorise les progrès intellectuels, fonde un système d'équilibre entre les puissances, et assigne à la France, par des négociations et des victoires, un rôle puissant et distinct.

A la réforme politique de Henri IV correspondait la réforme littéraire de Malherbes, et au moment où Richelieu accomplit au dedans et au dehors l'œuvre de nivellement social, de nouvelles voies sont frayées par Descartes et Corneille, deux génies créateurs.

Louis XIV gouverne par lui-même, mais cette royauté absolue et imposante doit surtout sa gloire et sa puissance à ce concours d'hommes divers, pris dans toutes les classes, et surtout dans la bourgeoisie, qui prêtent au roi leur appui et se dévouent à son immortalité. C'est une époque où toutes les forces du courage, de l'intelligence et du génie se réunissent pour éclater à la fois. Au-dessus de cette activité politique, morale et intellectuelle planent la grandeur et la majesté d'un roi qui, suivant la devise que l'adulation lui avait faite, éclairait et échauffait de ses rayons la nation tout entière, prosternée devant la fortune et la gloire du monarque.

Colbert continue l'œuvre de Louis XI et de Richelieu. Il veut la France au premier rang des nations européennes, et meurt lorsque Louis XIV ne lui permet plus de se consacrer à son pays (1).

(1) On doit à Colbert la création de l'*Académie des inscriptions et bel-*

La disgrâce de ce ministre et la révocation de l'édit de Nantes marquent le commencement d'une ère de décadence pour le règne de Louis XIV. Son ambition et sa vanité personnelles lui font oublier le bonheur de ses sujets, et pourtant, malgré le blâme sévère adressé par les contemporains eux-mêmes (1) aux dernières années de ce règne, il est impossible de ne pas reconnaître que de cette époque datent pour la France l'action régulière de l'Etat, la sociabilité, les mœurs, la langue et le goût national (2).

Les derniers actes, les derniers progrès du tiers état devaient faire l'objet d'un travail nouveau, qui n'a pu être entrepris par Aug. Thierry.

Suivant lui, le siècle de Louis XIV semble avoir posé les limites de l'ordre social; l'historien s'arrête pour mesurer du regard la route parcourue; un instant il est

*les-lettres*, de l'*Académie des sciences*, des *Académies de peinture, de sculpture* et *d'architecture*, de l'*Observatoire*, etc.

(1) Lettre de Fénelon à Louis XIV (1692).

(2) Si nous voulons savoir ce qu'était le tiers état sous Louis XIV, consultons Saint-Simon, qui appelle le règne de Louis XIV « *un règne de vile » bourgeoisie* : peu à peu, ajoute-t-il, le roi réduisit tout le monde à ser- » vir et à grossir la cour... Ce fut encore une autre adresse pour ruiner les » seigneurs et les accoutumer à l'égalité et à rouler pêle-mêle avec tout le » monde... Les priviléges des nobles ne sont plus que des ombres ou des » toiles d'araignées qui ne les mettent à l'abri de rien... de là l'élévation de » la plume et de la robe. »

Lorsque le duc de Saint-Simon appelait le règne de Louis XIV *un règne de vile bourgeoisie*, il oubliait sans doute que de cette *vile bourgeoisie* étaient sortis Descartes, Corneille, Pascal, Bossuet, Racine, Lafontaine, Molière, Boileau, Colbert, et tant d'autres.

ébloui, mais il s'aperçoit bientôt qu'il faut marcher, marcher toujours, suivant la belle expression de Bossuet.

## V.

Chaque époque littéraire a vu naître des hommes supérieurs qui résument, en eux, toutes les idées, toutes les tendances : le seizième siècle remuant, agité, inventeur, est dans les ouvrages de Rabelais; le dix-septième siècle grave, imposant et religieux, est personnifié dans Bossuet; le dix-huitième siècle critique et railleur, est tout entier dans Voltaire; la philosophie, l'éloquence, la poésie, l'art dramatique avaient leurs chefs-d'œuvre. La science historique seule était appelée à s'élever à des hauteurs encore inconnues, et le dix-neuvième siècle a eu la gloire de régénérer, de créer l'histoire vraiment nationale.

Que l'on examine lés problèmes résolus par la science moderne :

Les premiers temps de l'ancienne Gaule ont été l'objet d'études spéciales et de recherches savantes ;

La filiation, les mœurs, le caractère des races primitives, une fois connus, il a été possible de se rendre compte des inégalités physiques ou morales qui subsistaient sur le même sol ;

Les conséquences de la conquête franke ont amené naturellement à séparer les vainqueurs des vaincus, les Germains des Gallo-Romains ;

La perpétuité du droit romain, après la chute de l'Empire, et la conservation du régime municipal, ont été admis comme faits certains ;

Les deux premières *dynasties des rois de France* ont été remplacées par des *races de chefs franks* ;

Une scission bien marquée a été reconnue entre les populations du Nord et celles du Midi, distinctes les unes des autres par la langue, l'esprit et les mœurs ;

Enfin la question de l'*affranchissement des communes* est venue éclairer l'origine de la nationalité française (1).

Aug. Thierry, le premier, a prévu et facilité ce mouvement de renaissance des études historiques ; le premier il a agrandi le domaine de l'histoire, « cette portion » de patrimoine moral que chaque génération qui dispa- » raît lègue à celle qui la remplace (2) ; » le premier, il a augmenté ce patrimoine, dont la richesse égale la grandeur.

L'historien a deux tâches à remplir simultanément : raconter les faits et interpréter, discuter ces faits, en les rattachant les uns aux autres.

Les chroniqueurs des âges passés ont présenté les événements sous forme de récits simples et naïfs; les historiens modernes, en créant des systèmes basés sur leur propre opinion ou sur des idées irréalisables, ont dénaturé et même faussé les chroniques et les légendes :

(1) Toutes ces questions se trouvent indiquées ou résolues dans les ouvrages des plus célèbres historiens contemporains. Aug. Thierry marche à la tête de cette école, dont les représentants, chacun le sait, sont : MM. Guizot, de Barante, Michelet, Mignet, Thiers, Amédée Thierry, H. Martin, etc...

(2) Aug. Thierry, *Considérations*, chap. I^er^.

Aug. Thierry analyse tous les systèmes historiques inventés par l'imagination ou la passion, et il comprend la nécessité de recourir aux sources originales, aux documents, aux chartes, aux chroniques de chaque siècle, pour retrouver les mœurs, la physionomie, la vie d'une génération disparue.

Grégoire de Tours inspire les RÉCITS MÉROVINGIENS, « ouvrage d'art en même temps que de science historique (1); » les institutions du moyen âge, les travaux sur l'ancienne monarchie française servent à tracer l'histoire du régime municipal, ses variations depuis les temps romains, et sa renaissance sous des formes diverses; l'étude des langues du Nord et des populations nombreuses des îles Britanniques prépare le récit de la CONQUÊTE DES NORMANDS.

Aug. Thierry ne reproduit ni la manière des historiens de l'antiquité, ni celle des chroniqueurs du moyen âge, ni même celle des philosophes du dernier siècle. Mélanger ces trois manières pour en former une seule qui ait, avec l'ampleur du style des anciens, la naïveté des chroniqueurs et l'esprit des modernes, peindre les hommes d'autrefois en parlant le langage de son temps, en un mot, *être vrai* pour le passé et pour le présent : telle est l'ambition d'Aug. Thierry.

Après le récit, il discute les faits. Ici la tâche est sinon plus difficile, du moins plus périlleuse. L'imagination du lecteur se laisse facilement séduire par le charme du style, par la beauté des images, par le bon sens du raisonnement;

(1) Aug. Thierry.

et si l'historien du tiers état n'a pu se détacher de toute passion, si de fortes convictions l'ont quelquefois entraîné, il faut sans cesse se rappeler ses mécomptes de tous les jours, ses espérances trompées, et ne jamais oublier surtout que ses passions, ses convictions, ses espérances s'effaçaient devant l'amour du pays, et que sa vie entière a été un sacrifice à ce noble sentiment.

La grande pensée, la pensée dominante d'Aug. Thierry, est de refaire le passé. Par l'étude des conséquences sociales de l'établissement des Franks en Gaule, il veut répandre un nouveau jour sur l'histoire de la société française, et, par la recherche de l'origine des municipalités du moyen âge, fixer le point de départ de l'existence du tiers état. Aug. Thierry fait revivre les races diverses avec leur caractère et leurs mœurs, les oppose entre elles sur le même sol, suit leur antagonisme, toujours persistant, leur mélange et leur fusion graduelle; il révèle le but et la portée de la révolution communale, et voit dans la succession des événements, accomplis depuis le douzième jusqu'au dix-huitième siècle, la poursuite d'une idée unique, dont l'expression est la révolution de 1789 (1).

(1) Aug. Thierry dit, dans ses *Considérations*, chap. IV : « Quelle que soit notre fortune, bonne ou mauvaise, l'idée de reprendre nos limites naturelles ne se perdra jamais. Elle est profondément nationale et profondément historique. Elle se réfère non pas aux Franks, qui ne furent qu'un accident passager et superficiel, en quelque sorte dans notre nationalité, mais au fond même, au fond primitif et vivace de cette nationalité, à la Gaule soit indépendante, soit romaine. On la voit poindre au douzième siècle avec la renaissance du droit civil, quand la fusion des races nouvelles au milieu du fonds commun s'est accomplie ; il y en a des traces visibles dans la politique de Philippe Au-

Dans les LETTRES et les CONSIDÉRATIONS SUR L'HISTOIRE DE FRANCE, Aug. Thierry résume et critique les systèmes qui ont eu la prétention de résoudre le problème de nos origines nationales; il prouve comment ces systèmes ne pouvaient arriver à la vérité; il discute les origines françaises, telles que chaque siècle les a supposées, et il explique, avec une profondeur méthodique et sensée, les événements et les idées qui ont fait successivement travailler tant d'esprits élevés, depuis l'abbé Dubos jusqu'à Montesquieu; il montre comment l'erreur a pu se former; en portant la lumière dans les temps anciens, il sépare le faux du vrai; il se recueille en lui-même, ne demandant des inspirations qu'à son érudition et à son travail; son talent créateur pénètre l'obscurité des origines nationales, et il en fixe les éléments certains. A côté de ces études, dont la méthode et la sagacité se joignent à une expression juste et forte qui grave la pensée et frappe tout d'abord, que trouvez-vous? De beaux et touchants *récits* sur ce passé, si clairement analysé, ce passé qui existait informe, épars, inaperçu dans les chroniqueurs contemporains, mais que le génie remet au jour avec une simplicité vraie, et en même temps avec un charme de langage et une délicatesse infinis.

Aug. Thierry a accompli avec courage et persévérance

guste, et dans sa double action vers le nord et le midi; on la voit reparaître dans la politique de Louis XI, ce roi du tiers état, qui semble avoir anticipé l'esprit de la révolution française; sous Louis XIV elle fut près de se réaliser; enfin la Révolution la prit avec une force irrésistible, atteignit le but, et, par malheur, alla plus loin. » C'est là une vue de l'histoire assez caractéristique et une opinion qui paraît fort rationuelle.

le labeur qu'il s'était imposé. Son œuvre en dit plus que tous les éloges; elle défie la critique.

Une double gloire est désormais attachée au nom du premier historien de la France : celle d'avoir trouvé une *méthode historique* vraie et rationnelle, et celle d'avoir créé des chefs-d'œuvre. Le maître a eu de nombreux disciples et l'œuvre est impérissable. Sans doute de nouvelles idées surgiront; à mesure qu'on avancera dans le temps, on découvrira un horizon plus vaste; mais il faudra toujours interroger un passé où la lumière est faite, et à travers lequel on peut marcher avec assurance. Le temps ne fera jamais oublier l'homme qui, à la fin de sa carrière, s'est présenté à son pays en lui disant : « *Voilà ce que j'ai fait, et ce que je suis prêt à refaire,* » et qui, pour prix du sacrifice de sa vie, espérait seulement un peu de reconnaissance et de gloire dans l'avenir.

Rappelons-nous l'existence laborieuse de ces religieux, voués à la science et au travail, méditant dans le silence du cloître, à l'abri des agitations du monde, et qui ont doté la France d'immenses ouvrages historiques et littéraires.

Comme eux, Aug. Thierry cherche le calme de la solitude; content de peu, il est heureux avec son travail, parce que ce travail est utile à tous; la souffrance et la privation de la vue le retiennent dans sa retraite, c'est là pourtant qu'il construit son œuvre immortelle, et que la mort le surprend au milieu même de ce pénible labeur.

Voilà l'homme qu'une voix éloquente appelait, il y a peu de temps : « L'HOMERE DE NOTRE SIÈCLE ET DE NOTRE HISTOIRE. »

Aug. Thierry a vécu pendant l'une de ces époques d'
thousiasme et de renouvellement, où l'activité des esp
égalait la grandeur de la réforme entreprise. La philc
phie, l'histoire, la poésie trouvaient de nouvelles voies
les imaginations jeunes et ardentes accueillaient avec
dité un changement d'autant plus séduisant qu'il était
imprévu. Que sont devenus ces jours de triomphes
toires, de victoires littéraires, que nous rappelle A
Thierry, triomphes et victoires dont il récoltait une
glorieuse !... Qui, mieux que lui, s'est efforcé de révei
tous nos instincts les plus nobles par la révélation d
passé de grandeur et de puissance !...

La nation française a été l'objet des études constai
d'Aug. Thierry; il l'a vue naître, il a suivi ses progrè
sa marche vers un avenir de liberté! Il a dit à cette
tion ce qu'elle avait été et ce qu'elle pouvait être, e
voix de l'historien a été entendue au loin, tandis q
vivait et mourait paisiblement dans sa gloire inconte
et à l'abri de toutes les tempêtes...

EUGÈNE LAPIERRE.

Décembre 1857.

www.ingramcontent.com/pod-product-compliance
Lightning Source LLC
LaVergne TN
LVHW020244230826
846091LV00006B/2237

*9782011791436*